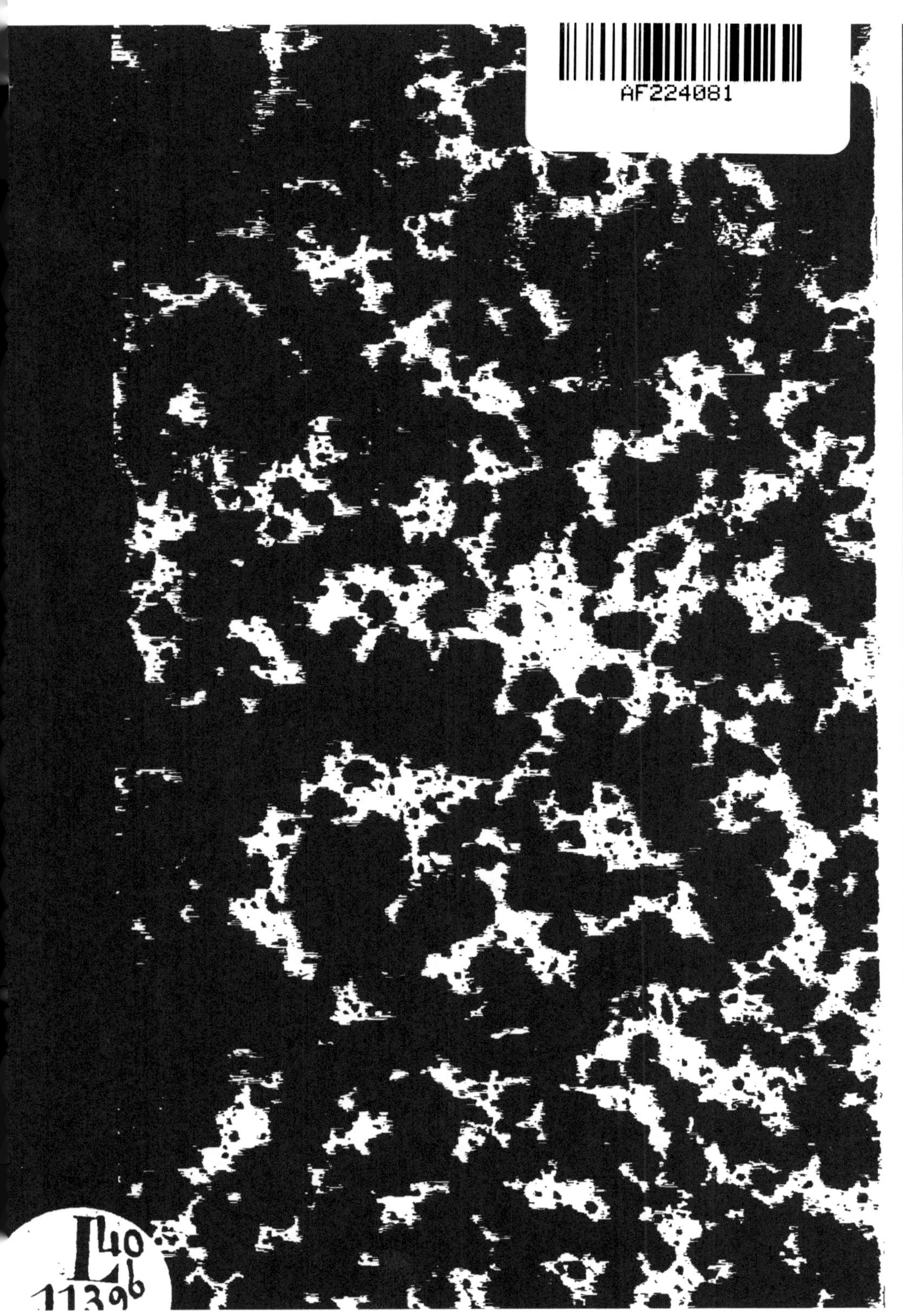
AF224081

INSTALLATION

DE M. BASSAL,

Curé de la Paroisse Saint-Louis de Versailles.

Le 10 Avril 1791.

INSTALLATION

DE M. BASSAL,

Curé de la Paroisse Saint-Louis de Versailles.

Le 10 Avril 1791.

DISCOURS DE M. LE MAIRE.

Monsieur,

La Municipalité, en se rendant en corps, à votre prise de possession, a voulu vous donner une marque publique d'estime & de l'intérêt que vous lui avez inspiré comme Ministre des Autels, & comme administrateur. Elle veut vous dire la vérité, rien que la vérité, la vérité toute entiere ; c'est le langage que doivent parler des hommes libres ; c'est celui que des hommes libres aiment à entendre.

A

Vous remplacez, Monfieur, des hommes dont nous devons réprouver l'opinion du moment, & dont nous avons à déplorer les fcrupules. Ils ont conftamment mérité notre eftime par leur conduite & par leur zèle. Vous, Monfieur, qui les connaiffez, vous qu'ils comptent au nombre de leurs amis, vous ne défapprouverez point les regrets que nous donnons aux motifs de leur retraite.

Mais s'il eft des changemens qu'une forte d'infpiration produit d'une manière prompte & entière dans l'opinion des hommes dont l'imagination vive franchit, avec la rapidité de l'éclair, l'efpace qui met la vérité à la diftance de la multitude ; foyez-en perfuadé, Monfieur, les efprits & les caraêtères dont la marche eft plus lente, ne tiennent que plus fortement & plus invariablement aux principes & aux réfolutions qu'ils ont enfin adoptés. Ce que la confcience a défendu, lorfqu'elle vient à l'ordonner, elle l'ordonne impérieufement & fans retour.

Un jour, & ce terme n'eft pas éloigné, tous les Français fe réuniront à la même opinion. Ils n'ont qu'une patrie, & cette patrie appartiendra à tous également. Ils n'ont qu'une conftitution, & cette constitution fera le bonheur de tous. Ils n'ont qu'une loi, & la loi les protège tous. Ils n'ont qu'un Roi qui les chérit tous, comme tous le respectent & le chériffent. Bientôt les Français n'auront qu'une même foi, ou plutôt, ils n'auront plus qu'une manière de l'exprimer.

Ce preffentiment, Meffieurs, n'eft point ici un préfage ftérile. A l'inftant même où je m'empreffe de vous l'annoncer, plufieurs eccléfiaftiques viennent de prêter, à la Cathédrale, le ferment ; & dans leur nombre, vous compterez avec joie, l'un de ceux qui l'avaient précédemment réfufé.

Tel eft l'empire de la vertu & la force des leçons données par l'exemple !

Ayons tous la ferme confiance que celui de notre digne & refpectable Evêque, ramenera toutes les ames honnetes & fenfibles, à ce qu'exigent d'elles la patrie & la religion !

Que tout genou fléchiffe, que toute tête fe courbe devant ces intérêts facrés & imprefcriptibles !

Plus de nuages, plus de foupçons entre nous ! Avançons avec courage & fermeté dans la route du bien public, & gardons nous de reffembler à des efclaves qui trembleraient des fers qu'ils ont fecoués. La révolution eft faite, elle eft confommée..... Reffouvenez-vous, ô mes concitoyens, qu'elle n'a amené la conftitution que pour prévenir des révolutions nouvelles.

Contribuons donc, par nos vœux & par nos efforts, à l'achèvement de la régénération de l'empire, & confpirons tous au libre & plein exercice des pouvoirs légalement conftitués.

Citoyens, Soyons tous vrais, foyons tous amis. La nature nous y invite : la religion nous en conjure : la conftitution nous en fournit les moyens.

DISCOURS DE M. BASSAL.

CITOYENS,

Je viens au milieu de vous, au nom de la religion & de la loi qui m'y appellent. Je fais ce qu'a d'impofant pour l'imagination, ce que peut avoir de pénible aux affections perfonnelles de plufieurs d'entre vous, le changement étrange qui vient d'être fait dans les chofes & dans les perfonnes; mais eft-ce nous qu'il faut accufer des chagrins particuliers que l'exécution de la loi a rendu néceffaires pour l'intérêt de tous, lorfque nous ne venons occuper que des places abandonnées ? Dans toute autre circonftance vous ne me verriez occupé que du foin d'adoucir, de juſtifier même des regrets qu'une ancienne amitié me fait partager avec vous, parce que la différence des opinions n'a rien affoibli de l'eſtime que je conſerve pour ceux que je remplace ; mais trop d'intérêts appellent votre attention ſur nous, pour que nous diffé-rions plus long-temps de vous faire connaître nos principes ; trop de motifs nous font ambi-tionner votre eſtime pour que nous vous laiſ-ſions ignorer nos intentions.

Qu'a fait l'Aſſemblée nationale, & en quoi conſiste cette constitution civile du clergé, que les clameurs du fanatiſme préſentent aux inquié-tudes de l'ignorance, ou aux prétextes des mé-contens, comme une uſurpation des droits de l'egliſe ; ou, ce qui eſt encore plus digne de ſa rage, comme un ſchiſme odieux élevé dans le ſein de la religion ? Ce que l'Aſſemblée na-tionale a fait, vous êtes tous capables de le voir & de le juger. On a érigé des évêchés dans des lieux où il n'en existait pas ; on a renfermé dans leur arrondiſſement des paroiſſes qui dépendaient d'autres évêchés retrécis ou ſupprimés. On a décreté que le nombre n'excé-derait pas celui des départemens ; que déſor-mais les évêques élus ne recevraient la confirmation canonique que des évêques Français ; qu'ils ne reconnoîtraient dans le Saint-Siége que ce que toute l'antiquité lui attribue, l'honneur d'être le centre de l'union , & de la foi catholique.

Qu'a-t-elle détruit ? des évêchés inutiles par l'effet de la nouvelle divifion ou par la modicité de leur territoire ; des abbaïes , des chapitres dont les offices & les fonctions n'avaient aucune efpece de raport avec le ministere évangélique.

Cette loi fage qui anéantit jufqu'à la fource de tous les abus , qui rend à l'églife fa beauté primitive, & ravit pour toujours à la cupidité jufqu'à l'efpoir de trafiquer les chofes faintes , n'est attaquée par les ennemis du bien public , que fous le prétexte , que l'Affemblée nationale n'avait pas le pouvoir de la faire , que la fanction de l'églife était abfolument néceffaire pour changer les formes extérieures du culte , & l'organifation ancienne du ministere. Mais je demande à tous les hommes fenfés , je le demande à ceux qui ont eu l'audace d'invoquer contre nous toutes les fureurs d'un fanatifme aveugle , de prostituer même avec un éclat auffi ridicule qu'extravagant , les foudres de l'églife , destinées jufqu'ici à punir les défordres & la corruption qui fignalait les excès de l'ancien régime & la honteufe proftitution qu'on y faifait des chofes faintes ; oui je leur demande avec confiance quel est l'objet , quel est l'article de cette constitution où ils ont reconnu que la puiffance fouveraine a dépaffé les bornes de fon autorité légitime ? Sans doute ils conviennent avec nous que s'il n'y avait pas d'églife en France , que s'il s'agiffait d'y introduire le christianisme, c'est à la puiffance fouveraine qu'il appartiendrait néceffairement la droit de fixer le nombre des évêques qu'il convient d'établir , de déterminer les lieux où leur réfidence peut etre plus utile aux befoins des fideles , les limites du territoire dans lefquelles doit fe borner leur furveillance & leur jurifdiction. Le théologien qui aurait l'imprudence de le nier , méconnaîtrait tous les principes du droit public ; il anéantirait jufqu'aux fondemens les plus folides de la fociété , & livrerait par cette doctrine factieufe , le repos des nations aux caprices d'une puiffance étrangere. Or ce que peuvent l'autorité de la puiffance fouveraine avant l'établiffement d'une religion & les droits impreffcriptibles quelle exerce fur ce qui intéreffe l'ordre public , quelle est la puiffance qui ait l'autotité de les lui ravir ou de les retrécir ? Les ufages ne font qu'un vain prétexte qu'il est d'autant plus ridicule d'invoquer , d'autant plus extravagant d'appuyer des anathèmes de l'églife , qu'aucune prefcription ne peut anéantir ces lois immuables , ces principes éternels qui tiennent aux premiers principes du pacte focial.

Ce que l'Affemblée nationale a détruit, n'est pas moins légitime ni moins régulier que ce qu'elle a établi. Certes je ne cherche pas à déprimer dans votre efprit, ces institutions oifeufes & inutiles , que l'on appelle encore par habitude des restes précieux de la vénérable antiquité. Les Chapitres , les Abbayes , les autres bénéfices connus fous le nom de bénéfices fimples , pouvaient être fans doute fort utiles dans des temps plus heureux ; mais la corruption du notre était devenue fi grande, qu'il fallait un remede plus puiffant que les lois , pour préferver ce patriotifme facré des invafions de l'intrigue & de l'ambition , depuis qu'il mettait en activité le jeu de toutes les paffions ; depuis qu'il était devenu l'aliment de tous les crimes. Le défordre ne pouvait être corrigé que par le retranchement d'un fcandale qui faifait gémir toutes les âmes honnêtes. Les crimes que la corruption des cours a accumulés dans la dilapidation de ces biens , n'ont été bien expiés que par l'ufage falutaire qui en a été fait lorfqu'ils ont été voués au falut d'un grand peuple , & font devenus le gage d'une dette que la nation ne pouvait méconnoître fans fe déshonorer, & à laquelle elle ne pouvait fatisfaire fans fe ruiner. Que l'on excite donc tant qu'on voudra votre fen-fibilité fur cette foule de fuppreffions qu'on dit avoir fait tant de victimes ; que l'on couvre fous l'éclat des plus grandes expreffions , que l'on préfente aux imaginations faibles & comme étourdies par la nouveauté de tant de change-mens , les innovations falutaires ou les fuppref-fions utiles qui viennent d'être faites ; nous de-manderons toujours à la véritable piété , à cette piété ferme & raifonnable qui, à l'exemple de l'apôtre , refpecte l'autorité même de Dieu dans les puiffances de la terre ; fi , dans ces vaines dé-clamations elle voit autre chofe que les agitations de l'intéret gémiffant fur les facrifices éxigés de la cupidité, fans aucun danger pour la foi. Mais quand même les fuppreffions décrétées feraient auffi funestes à la religion qu'elles étaient utiles & néceffaires, au moins faut-il convenir que rien n'a été détruit que ce qui n'avait pu être établi que par le confentement & l'autorité de la puiffance fouveraine. Or comment peut-on contester le droit de détruire à la puiffance qui a feule le droit d'établir ? Si au lieu de ces diatribes atroces que le fanatifme vomit tous les jours ; fi au lieu de ces imprécations pleines de démence & de fureur par lefquelles on provoque contre l'ordre établi les réfistances & les complots des efprits turbulens & factieux , la question eut été ainfi préfentée ; certes, nous n'aurions pas la douleur de voir des ames droites & pures , s'affocier aux coupables manœuvres , & aux mouvemens féditieux de tant de malveillans : la fermentation n'eut pas atteint ces imaginations faibles & mobiles , que des terreurs religieufes décident prefque toujours pour le parti extrême , & dont les mouvemens & les convulfions ont porté dans le fein de l'églife toutes les apparences d'un fchifme & d'une divifion. Mais vous ne prefcrirez jamais contre les notions faines de la raifon & de la foi , écrivains audacieux, pour qui le repos des nations n'est qu'une chimère , vous avez épuifé contre les lois & la patrie toute l'amertume de vos traits , & la coupable fécondité de vos moyens. Le moment viendra , & il n'est pas éloigné, où cette droiture naturelle qu'il ne vous est pas poffible d'anéantir , dont vos clameurs atroces ne peuvent étouffer la voix , faura confeiller aux hommes des réfolutions plus fages

& plus modérées ; en les éclairant fur leurs inté‑
rêts, elle apprendra aux nations qu'elles n'ont
pas d'ennemis plus redoutables à leur repos &
à leur profpérité, que les agitations du fanatifme.

. Mais nous ne devons pas feulement nous
borner à vous expofer la folidité de nos prin‑
cipes ; nous avons cru devoir encore vous ren‑
dre compte de nos intentions. Lorfque nous
avons vu les prétendus interêts de la difcipline
oppofés aux interêts de la loi ; lorfque nous
avons vu ce nouveau germe de divifion & dé
guerre, fervir de fignal à de nouvelles fureurs,
nous avons fenti tous les malheurs qui ména‑
çaient la patrie ; nous avons prévu que les
prétextes de la confcience allaient donner à ce
nouveau genre de combat un caractere de ré‑
fiftance plus opiniâtre & plus impofant. Ce que
nous avons fenti, toutes les ames droites en ont
été frappées ; &, de cette penfée effrayante,
que la France étoit en danger, que tout allait
fe perdre dans les convulfions & les mouve‑
mens des parties oppofées, eft née cette ré‑
folution prefque générale, de fe rallier autour
de la loi. Français ! notre appréhenfion n'était
pas vaine, & nous frémiffons encore en vous
parlant des dangers auxquels nous venons d'é‑
chapper par ce nouveau triomphe ; voyez

(12)

quel eut été l'effet d'une réfistance générale à la loi du ferment décrété par l'affemblée nationale ? Le feul pouvoir qui conferve la confiance du peuple , & affermit encore les efperances de la nation , n'avait plus d'autre parti que celui de vaincre la réfistance , ou céder à fes efforts. Le premier même décidait peut-être la perte de la réligion : le fecond entrainait celle de l'état. Comprenez fous quel prodigieux affemblage de malheurs & de crimes , l'empire allait encore s'ébranler , fi vos autels euffent été abandonnés par leurs Ministres , ou s'ils n'avaient plus été fervis que par des Ministres rébelles ! Alors fe formait dans votre fein , une horde d'étrangers fufpects & odieux aux amis de la loi ; les confolations de la réligion étaient entierement perdues pour cette foule de Français , qui , attachés à la liberté & à la constitution par une efpèce de paffion , n'auraient pris confeil que de leur dépit & de leur défefpoir. La France n'offrait plus que le fpectacle affreux de deux peuples ennemis , pour qui les liens , même les plus facrés , n'auraient été qu'une géne incommode. La haine entrait dans tous les cœurs par toutes les paffions , & pénétrait jufques dans le fein de toutes les familles. La génération préfente dépravée & corrompue par les fureurs de cette

rivalité fanatique , portait jufques dans les gé-
nérations futures le germe & le levain d'un
fchifme auffi déchirant que dangereux , & peut-
être la fermentation accrue par les mouvemens des puiffances étrangères , n'eut été ter-
minée que par plufieurs années de carnage &
d'horreur. Français , voilà les maux qui vous
menaçaient fi la réfistance générale des ministres des autels eut provoqué des mefures rigou-
reufes.

-Les maux qui réfultaient de la réfolution de
céder aux efforts de la réfistance , & de laiffer
l'exercice des plus importantes fonctions , à des
ministres rébelles à la loi , n'étaient ni moins
cruels ni moins défastreux. Quelle confiance pouvait rester à l'affemblée nationale vaincue par les
impulfions , & la volonté d'une puiffance étrangere ? Quel courage pouvait-elle conferver après
cet échec , pour la fuite de fes glorieux travaux ?
Quelle énergie pouvoit-elle oppofer aux nombreux complots qui embaraffent fa marche , & qui
en retardent les fuccès ? Quelle autorité pouvait-
elle montrer contre ce nombre de rébelles , dont
les trames fourdes & fécretes contrarient tous
les projets ? Quelle tranquillité dans le cours des
grands interéts qui l'occupent ? Qui eût montré
affez de confiance pour acquérir des biens dont

les anciens dépositaires auraient signalé leur résistance par un triomphe si glorieux ? Que de-
venait dans cette crise, la dette publique & le
crédit de la nation ? Quelle autorité eût été ca-
pable de contenir les fureurs fanatiques que des
partis nombreux avaient allumées dans les
diverses parties de l'empire ? Ajoutez à tou tesces
horreurs dont nous avons calculé les suites, dont
nous avons pressenti les effets, ce qui serait ré-
sulté de l'exemple pernicieux du clergé. Si un
grand nombre des administrateurs du peuple ,
des représentans des communes, dirigés par les
mêmes scrupules, ou stimulés par les mêmes intentions eussent abjuré le serment civique comme
contraire à leur conscience & à leur foi , &
eussent abandonné leur place ; quelle division eût
alors déchiré toutes les parties de l'empire ? Quelle
confusion eût anéani tons les effets de la constitution. Vous l'aviez esperé , coupables factieux,
qui avez appellé le premier au secours de vos
desseins, les scrupules des consciences timides.
Dans ces combinaisons infernales où vous aviez
si bien preparé la perte de la France , vous aviez
flatté votre espoir de tout anéantir par les effets
seuls de la résistance au serment. Alors vous n'aviez
plus besoin du fer des ennemis pour perdre votre
patrie : votre rage se trouvait satisfaite sans le

(15)

fecours des puiffances étrangères , & cette conftitution fi précieufe , le prix de tant de facrifices, & l'objet de tant d'efforts , cédait pour votre
gloire aux convulfions d'un délire auffi étrange ,
& aux fuites d'un complot auffi affreux. C'est
ainfi que vous alliez nous plonger , non dans les
horreurs du defpotifme qui ne peut plus régner
fur nous fans nous détruire , mais fous les défordres de l'anarchie , qui est le feul régime qu'on
puiffe fubstituer à l'ordre établi. Hommes per-
fides , qui en mettant ainfi les intérêts de la loi
aux prifes avec une difcipline fi inconstante &
fi variable , aviez fi bien combiné cet affreux
complot ; comment votre cœur n'a-til pas fré-
mi des apprehenfions d'un danger fi vifible ?
Comment un reste de pitié n'a-til pas intéreffé
votre ame & provoqué des remords en faveur
du pays qui vous a donné la naiffance ? La
patrie n'est-elle donc rien pour vous , que vous
compromettez fi légerement fa destinée , fur la
foi de quelques principes mal difcutés , & mal
approfondis. Mais apprenez que tant que nous
réfpirerons , nous la defendrons de notre for-
tune & de notre fang , cette constitution fu-
blime à laquelle nous nous fommes confacrés
par le plus inviolable de tous les fermens : oui
nous le jurons encore , nous ferons fidéle , &c.

A M. BASSAL,

Fait au nom de la Société des Amis de la Constitution , séante à Versailles.

Monsieur,

Ce jour fera à jamais mémorable dans l'ordre des heureux événemens dont votre vie fera remplie , parceque les desseins de la Providence , les bienfaits de la Constitution & les desirs de tous vos freres & amis s'accomplissent au même instant. Long-tems vous avez exercé d'une maniere exemplaire des fonctions semblables à celles qui vous sont attribuées maintenant par un choix éclatant. Renfermé long‑tems dans l'exercice des vertus privées , vous reconnaissiez la force de toutes ces vérités constitutionnelles qui allient des lois sages avec le respect dû aux principes de notre religion sainte ; Dès lors vous vous éleviez au dégré où nous sommes placés tous aujourd'hui en voyant les de-

voirs

voirs du facerdoce & ceux du patriotifme réunis dans le même eccléfiaftique fonctionnaire public, & confondus dans la même obligation. Nous vous rappelons ces penfées, parcequ'elles ont toujours frappé votre efprit, mais elles ont fans-doute une plus haute origine encore, puifqu'elles font puifées dans ce principe fécond qui dérive d'un vif amour de la liberté, fentiment dont Dieu même eft la fource, & qu'il a donné à l'homme pour fon bonheur & fa confolation.

Les Amis de la Conftitution, les Citoyens vos frères, croyent pouvoir interpréter en ce fens les vœux de tous les habitans de cette cité qui fe font portés fur vos pas. Leur préfence eft un hommage rendu aux lois nationales qui vous établiffent Miniftre & Pafteur. Ils font venus par l'effet d'un mouvement naturel vous affurer de la confiance qu'ils mettent en vous, & de l'amitié dont ils en accompagneront les témoignages. Oui, monfieur, la Religion fera toujours aimée & refpectée en vous & dans la perfonne des honorables Membres dont vous êtes environné. Tous les citoyens s'emprefferont de foutenir votre zèle, de rendre vos exemples plus utiles & vos préceptes plus perfuafifs. Repofezvous fur cette penfée, votre cœur en a befoin, nous connaiffons fes reffources & fa fenfibilité.

B

Les actes de votre miniftère , les moyens de
vos coopérateurs , feront toujours des actes purs ;
ils ont été fanctifiés en ce jour par nos invo-
cations à l'être fuprême qui veille fur notre
Patrie ; ils feront fortifiés par notre foumiffion
aux loix qui l'ont glorieufement régénérée.

A VERSAILLES, de l'Imprimerie de COSSON ,
Imprimeur de l'Evêché , Place Dauphine , Nº. 3.

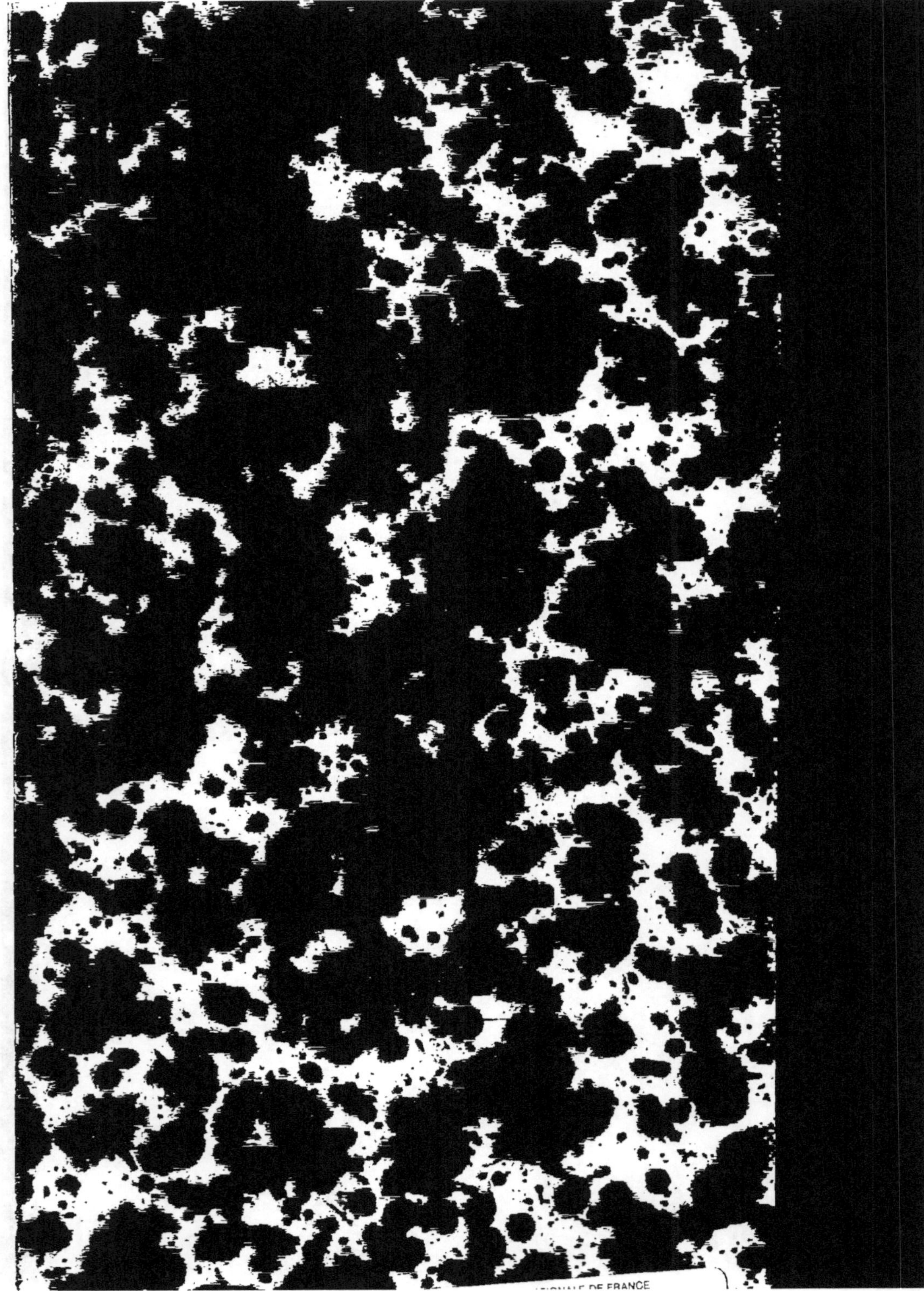